RAPPORT

DES

OUVRIERS RELIEURS

DÉLÉGUÉS

A l'Exposition universelle de Londres en 1862

PUBLIÉ

AUX FRAIS DE LA SOCIÉTÉ DES OUVRIERS RELIEURS DE PARIS

Paris, 30 cent. — Départements, 40 cent.

PARIS

SE TROUVE CHEZ LES DÉLÉGUÉS

CHEZ LES MEMBRES DU BUREAU DE LA SOCIÉTÉ DES OUVRIERS RELIEURS

Et au Siège de cette Société, rue du Four-St-Germain, 52

1863

RAPPORT

DES OUVRIERS RELIEURS

DÉLÉGUÉS

A L'EXPOSITION UNIVERSELLE DE LONDRES EN 1862

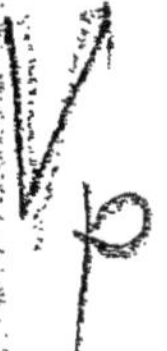

TIMBRE   IMPÉRIAL
5 cen
TIMBRE   IMPÉRIAL

RAPPORT

DES

OUVRIERS RELIEURS

DÉLÉGUÉS

A l'Exposition universelle de Londres en 1862

PUBLIÉ

AUX FRAIS DE LA SOCIÉTÉ DES OUVRIERS RELIEURS DE PARIS

PARIS

SE TROUVE CHEZ LES DÉLÉGUÉS

CHEZ LES MEMBRES DU BUREAU DE LA SOCIÉTÉ DES OUVRIERS RELIEURS

Et au Siége de cette Société, rue du Four-St-Germain, 52

1863

NOTE

Les élections pour la nomination des Délégués ont eu lieu le dimanche 25 mai 1862.

Le Bureau électoral qui a fait procéder aux votes a fait preuve d'un dévouement et d'un zèle vraiment remarquables dans cette circonstance toute nouvelle. Il était composé de MM.

ANDRIOT, président, ouvrier chez M. Engel.
E. COMBAZ, vice-président, id. chez M. Petit (Remy).
FRENOIR, secrétaire, id. chez MM. Vigneau et Pasquier.
LECLERC, id. id. M. Magnier.
F. PESQUET, assesseur, id. M. Göltz.
BRUGNIÈRE, id. id. M. Tripon.
GACON, id. id. M. Kaufmann.
GRANJEAN, id. id. MM. Poincignon et Loubère.
LEMETTAIS, id. id. M. Petit (Auguste).
MANGENOT, id. id. M. Denoix.
A. MEYER, id. id. M. Lenègre.

M. Javelle, désigné par l'atelier de reliure de l'imprimerie impériale, n'a pu prendre part aux opérations du Bureau électoral.

Afin de participer à l'envoi des Délégués, les électeurs ont fait une souscription : elle s'est élevée à 75 fr. 80 cent., qui ont été versés dans la caisse de la commission ouvrière.

Les dépenses pour les élections ont été acquittées par la Société des ouvriers relieurs.

Le Trésorier de la Commission ouvrière,

A. COQUARD.

N. B. — *Voir pour les adresses la note placée à la fin du rapport.*

APERÇU

Sur la communauté des Maîtres Relieurs et Doreurs de Paris.

Nous avions l'intention de faire précéder notre Rapport d'un abrégé historique de la Reliure ; nous avions, à ce sujet, prié M. Paul Lacroix (bibliophile Jacob) de nous donner quelques notes sur les relieurs et la reliure d'autrefois. M. Paul Lacroix, dont la complaisance n'a pas de bornes, écrivit, non pas des notes, mais une histoire de la reliure jusqu'à Thouvenin, que, malheureusement, il ne nous a pas été possible de placer en tête de ce Rapport ; nous le regrettons pour la reliure, dont l'histoire est si peu connue. Néanmoins nous prions l'éminent bibliophile de bien vouloir agréer les témoignages de notre reconnaissance, non-seulement pour les pages qu'il a écrites pour notre Rapport, mais aussi pour celles qu'il a précédemment écrites sur notre profession (1).

A défaut d'historique, nous dirons cependant quelques mots sur la communauté des Maîtres Relieurs et Doreurs de Paris.

En 1292, la corporation des Liéeurs (relieurs) comptait seulement dix-sept membres ; mais ses Statuts ne se trouvent pas dans le registre d'Étienne Boileau. En 1368, il n'y en avait plus que six. (Voir les Statuts des Enlumineurs, Parcheminiers et Relieurs de 1275, 1323, 1342-1351 ; voir aussi les lettres patentes de Charles V, du 5 novembre 1368, au prévôt de Paris, pour l'exemption du guet et gardes des portes en faveur des libraires, des écrivains, des relieurs et des parcheminiers. Leurs noms

---

(1) Voir *le Moyen âge et la Renaissance*, t. V : *Curiosités de l'Histoire des arts*. Paris, Delahays, 1858.

y sont consignés. Les relieurs étaient déjà considérés comme suppôts de l'université, privilége dont ils jouirent jusqu'à la dissolution de la communauté.)

Sauval nous apprend qu'avant 1467 il y avait dans l'église Saint-André une confrérie de libraires, dont les relieurs faisaient partie; ses Statuts avaient été confirmés par Louis XI le 15 septembre 1467.

Quelques années plus tard, en 1470, l'imprimerie s'établissait à Paris, et la reliure fut absorbée par elle, et principalement par les libraires, qui devinrent entrepreneurs de reliures, et les relieurs furent rélégués dans leur arrière-boutique; mais ils ne furent jamais d'accord ensemble. Cet état de choses dura deux siècles. Ce fut le fameux Le Gascon, qui n'était pas libraire, et seulement relieur, et qui, sans doute, avait ses ateliers dans un lieu de franchise; ce fut lui, disons-nous, qui, le premier, osa secouer le joug tyrannique des libraires.

Enfin la guerre permanente qui existait entre les libraires et les relieurs eut une fin : un édit du 7 septembre 1686 en fit deux communautés distinctes. Celle des relieurs et doreurs était groupée sur la montagne Sainte-Geneviève, autour de l'église Saint-Hilaire; elle avait son bureau rue des Sept-Voies, en face le collége Montaigu; elle ne devait pas comprendre plus de deux cents maîtres. L'apprentissage était de cinq ans, et garanti par un contrat enregistré sur le registre de la communauté, Des gardes en charges ou syndics veillaient à sa stricte exécution; ils veillaient également à la bonne exécution des reliures : celles qui ne se trouvaient pas dans les conditions voulues étaient refaites aux dépens du maître, qui payait, en outre, 30 livres d'amende par volume. Il fallait être trois ans compagnon pour être reçu maître.

En 1776, la communauté fut abolie, et les ouvriers fêtèrent leur délivrance, parce qu'il leur était défendu par les maîtres de se réunir, d'avoir une bourse commune, de faire des banquets, et même de faire dire des messes. La liberté, qu'ils avaient saluée avec de fougueux transports de joie, ne dura pas longtemps, car, la même année, la communauté fut reconstituée et réunie à celle des papetiers-colleurs. Ce fut un coup funeste pour la reliure.

Les premiers gardes en charges, nommés en 1686, furent Éloy Le Vasseur, Guillaume Cavelier, Geofroi Nion et Marion Maugras. Chaque année, deux gardes quittaient leurs fonctions, et étaient remplacés par deux autres, élus à la pluralité des voix. Parmi les gardes dont les noms nous sont connus jusqu'en 1761, il en est qui sont restés dans les souvenirs de la reliure : ce sont Derome, Gaudreau, Bradel, Duplanil, Auguérand, Pasdeloup, Ducastin, Hérissant, Lemonnier, Bottier, etc., etc. La reliure se perpétuait dans les familles (1).

La révolution de 89, qui détruisit entièrement les corporations, proclama la liberté du travail, il est vrai, mais elle produisit la concurrence, qui tue l'ouvrier, fait dégénérer l'industrie, et n'est pas moins funeste aux patrons. Le remède aux abus des corporations n'était pas dans leur abolition, mais dans leur transformation ; en effet, il eût mieux valu combiner avec une sage liberté les principes de fraternité qui surgissaient alors, et qui se seraient mieux développés dans des associations d'où les ouvriers n'auraient pas été exclus, plutôt que dans un isolement fatal à leurs intérêts.

Aujourd'hui les patrons et les ouvriers sont placés sous le coup des fausses mesures prises alors ; cet état de choses s'aggrave chaque jour par l'isolement, où chacun cherche la sécurité, mais où chacun trouve la déception, la misère et le bureau de bienfaisance, qui amoindrit le travailleur.

(1) Voir les Statuts et Règlement pour la Communauté des Maîtres Relieures et Doreurs de livres de la Ville et Université de Paris. — Paris, 1750.

APPRÉCIATION

DES RELIURES EXPOSÉES A LONDRES

EN 1862

Nous avons éprouvé un vif regret de ne pas avoir vu à l'Exposition de Londres les produits des meilleurs relieurs de Paris pour le genre amateur, surtout quand nous nous sommes trouvés en présence de ceux exposés par les relieurs anglais, qui, depuis l'Exposition de 1855, ont fait d'immenses progrès, et ceux qu'ils cherchent à réaliser pourraient leur donner une supériorité sur nous si nos bons relieurs continuaient à s'abstenir de descendre dans la lice.

Nous donnons notre appréciation en suivant l'ordre des numéros de chaque nation.

ANGLETERRE.

La reliure anglaise était représentée par dix-sept exposants, dont quinze de Londres et deux d'Édimbourg.

Nous citerons ceux dont les reliures nous ont paru les plus remarquables.

N° 5310. — Francis Bedfort (Londres). — Les proportions de la vitrine de M. Bedfort nous avaient inspiré la pensée de visiter son atelier, mais le temps que nous devions rester à Londres ne nous l'a pas permis. En effet, cet exp sant a eu un avantage sur tous ses concurrents par le magnifique et long emplacement que sa vitrine occupait, et qu'il avait obtenu comme faisant partie du jury d'admission.

Nous avons cependant remarqué, à les juger extérieurement, de belles reliures dans sa vitrine, mais qui, comme presque toutes les reliures anglaises, avaient des cartons trop épais et des châsses trop larges. Quant à la richesse d'ornements en dorure et à l'exécution, les reliures de M. Bedfort n'étaient pas supérieures à celles exposées par plusieurs de ses confrères.

Nous citerons comme étant bien réussis : un in-folio, *Cronica de Nuremberg*, relié en peau de truie brune d'une très-jolie teinte, avec ornements à froid, genre manuscrit; l'exécution en était bonne, les fleurons d'une égale nuance;

Un in-quarto en mosaïque, dont le goût et le soin avaient présidé à la bonne exécution;

Des in-octavo en veau fauve, mis en grand nombre, avaient, contrairement à l'habitude des relieurs anglais, des cartons minces; les dos étaient plats, et l'exécution des ornements laissaient à désirer. C'était de la reliure courante, servant, sans doute, à remplir de l'espace ou à démontrer que l'on faisait tous les genres dans cette maison.

N° 5311. — Bone et fils (Londres). — Cartonnages en toile gaufrée, très-bien faits; ornements riches, légers, gracieux, bien exécutés au balancier. Parmi la variété des couleurs de ces spécimens, nous en avons particulièrement remarqué qui étaient couverts en toile blanche gaufrée d'une netteté parfaite.

Nous n'avons pas cette couleur de toile en France; elle pourrait être utilement employée pour les livres de première communion, etc.

N° 5312. — Chatelin, DE PARIS (Londres). — Reliures d'amateurs, belles reliures mosaïque, très-bien exécutées; reliures artistiques d'une bonne conception. Parmi ces reliures, plusieurs nous ont paru avoir été faites à une époque déjà éloignée, et, mérite incontestable, leur manque de fraîcheur attestait qu'elles n'avaient pas été faites exprès pour l'Exposition. Plusieurs de ces reliures portaient le chiffre du duc d'Aumale.

Ces reliures se ressentaient toutes de l'école française.

N° 5318. — J. et J. Leighton (Londres). — Spécimens de dorure à la main et au balancier pour reliures, qui sont d'une bonne exécution, mais qui manquent généralement de grâce et de goût dans leur composition.

Comme M. Bedfort, cette maison a eu le privilége d'un grand emplacement.

N° 5319. — Leighton fils et Hodge (Londres). —

Cartonnages en toile gaufrée très-bien établis; ornements de bon goût, gracieux, remarquables par leur heureuse composition et le fini de l'exécution.

Cette maison étant une des plus considérables de Londres, nous reviendrons sur le travail qui s'y fait.

N° 5321. — Potts, Watson et Bolton (Londres). — Reliures artistiques. Nous citerons particulièrement une reliure en vélin, avec plaque d'ivoire sculpté (premier plat, *le Christ*; second plat, *la Résurrection*); tranche blanche et ornée de miniatures. C'est une riche et belle reliure, dont l'ensemble serait parfait sans les deux fermoirs, dont la forme droite et unie produit un fâcheux contraste avec la sculpture de l'ivoire.

N° 5323. — Ramage (Édimbourg). — Reliures d'amateur. Cette vitrine étant placée dans un jour défectueux, il ne nous a pas été possible de bien examiner les reliures qu'elle renfermait; cependant, malgré cette difficulté, nous pouvons attester que leurs belles apparences nous les ont montrées mieux établies que certaines reliures de Londres.

Notre attention s'est portée principalement sur un in-folio maroquin vert, ayant une dentelle de 7 à 8 centimètres; les fers qui la composent étaient d'une délicatesse extrême, et l'exécution était parfaite.

Un in-quarto maroquin rouge, avec mosaïque verte bordée d'un filet or. Les lignes droites et courbes sont irréprochables, sauf quelques cassures dans l'or; le dessin en était gracieux.

N° 5325. — Rivière (Londres). — Reliures d'amateur, dont le corps de l'ouvrage nous a paru plus soigné et mieux réussi que partout ailleurs; quelques-unes de ces reliures étaient cousues sur de petits nerfs, et faisaient exception au système des dos brisés, préconisés par les Anglais. La couvrure était bien faite, mais nous regrettons que les magnifiques reliures de M. Rivière aient des cartons un peu trop épais, ce qui les rend matérielles.

La dorure se composait de mosaïque de très-bon goût, d'enlacements de filets, le tout d'une exécution parfaite.

M. Rivière a de nouveau justifié les éloges que *l'Illustration* fasait de ses reliures en 1853 : ce journal disait que les meilleures reliures venues d'outre-Manche sont dues à un artiste qui porte un nom français. En effet, M. Rivière est d'origine française.

N° 5326. — Seton et Mackenzie (Edimbourg). — La vitrine de cette maison se trouvait aussi dans un faux jour; cependant nous avons pu constater que les reliures qu'elle contenait ne pouvaient faire regretter qu'on l'ait placée dans un lieu aussi désavantageux. L'ensemble de cette exposition était matériel : des dos plats, des cartons épais, l'enlourdissaient encore davantage. La dorure, quoique bien exécutée, avait, dans la disposition de ses lourds ornements, conservé toute la pureté du style anglais.

N° 5328. — Westleys et Ce (Londres). — Cartonnages en toile gaufrée, de teintes variées introuvables à Paris. Nous citerons les nuances fauve et orange, sur lesquelles les ornements à froid et en or formaient une harmonie admirable.

Deux spécimens en toile verte, avec plaque or, dont le milieu, rempli par une photographie, produisait un heureux effet. La mosaïque était en mouton, les ornements riches, gracieux et bien exécutés.

N° 5330. — Zahnsdorf (Londres). — Reliures d'amateur. Comme M. Rivière, M. Zahnsdorf nous a ouvert sa vitrine, et nous avons pu nous assurer que ses reliures étaient bien faites : nous n'avons à leur reprocher que les défauts qui se retrouvent dans toutes les reliures anglaises, c'est-à-dire des châsses trop larges, et des cartons dont l'épaisseur n'est pas proportionnée à celle des volumes.

Le volume le plus remarquable de son exposition est un in-folio (*l'Enfer*, de Dante, publié par Hachette), magnifique reliure en maroquin rouge, avec gardes en maroquin. Cette riche reliure avait l'impardonnable défaut d'être à dos brisé; la couture sur nerfs était indispensable pour un volume de ce format, dont le papier est très fort, et qui, par son poids, pourrait nuire à l'endossure; la dorure mosaïque de l'extérieur, ayant été faite à la main, est d'une bonne exécution. Malheureusement, les autres dessins qui remplissaient les vides avaient été poussés au balancier sur du maroquin trop épais, il s'ensuit que cette dorure était baveuse, et que la délicatesse des lignes se trouvait endommagée par une pression trop forte. La mosaïque intérieure, entièrement faite à la main, était bien supérieure, comme exécution, à celle de l'extérieur; la composition en était aussi plus légère.

D'autres reliures accusaient de la faiblesse dans l'endossure; mais, généralement, la dorure est bonne, riche et de bon goût, et se ressentait de l'école française.

AUTRICHE.

Quatre exposants, dont deux de Vienne et deux de Pesth (Hongrie) ont concouru pour la reliure et les albums photographiques. Nous citerons seulement les deux exposants de Vienne, ceux de Hongrie n'ayant rien qui puisse attirer l'attention du connaisseur.

N° 1130. — Rollinger frères (Vienne). — Ce qu'il y avait de plus étonnant dans cette exposition est un album monstre d'un mètre cinquante centimètres sur un mètre de hauteur environ, avec mosaïque représentant une guirlande de fleurs tout alentour, avec des morceaux de maroquin de trois millimètres carrés, si bien rapprochés, qu'à première vue on l'eût prise pour de la tapisserie. Ce travail de Chinois donne une haute idée de ce que l'on peut faire en mosaïque ; c'est un véritable tour de force où le goût et les soins ne manquent pas, car aucun filet à froid ou en or ne venait cacher les jonctions.

Un biseau trop haut et trop étroit formait l'encadrement pour protéger ce minutieux travail.

Les difficultés que l'ouvrier a rencontrées pour établir cet album sont cause que le travail laisse à désirer. En effet, nous avons remarqué que le dos était cassé à deux endroits, et la gouttière avait dévié par suite de ces cassures.

L'art n'a rien à gagner avec de pareilles énormités.

N° 1395. — Breul et Rosemberg (Vienne). — Le plus remarquable de cette exposition était une grosse bible in-4°, richement garnie en argent; sur le premier plat, *le Christ* en or, sur émail bleu clair ; sur le second plat, *Adam et Ève*, émail bleu foncé sur fond bleu clair; aux angles, huit cabochons de pierres vertes entourées de quatre perles rouges, et autour du milieu, les quatre évangélistes émaillés. Malheureusement la tranche de ce magnifique volume ne répondait pas à la richesse des ornements ; elle était d'une couleur rouge passée et pas unie. Une tranche bien ciselée ou dorée aurait complété cette riche reliure.

Différents objets, tels que buvards, albums, écrins, etc., couverts en maroquin blanc, dont la pureté de la teinte était éblouissante et le grain parfaitement conservé, étaient dignes de remarque.

On nous a dit que ces maroquins provenaient de France ; si cela est, il est incompréhensible que nous en soyons privés ; si, au contraire, ils sont de provenance étrangère, nous demanderons aux maroquiniers quelles sont les causes qui les empêchent de nous en livrer de semblables ?

BELGIQUE.

N° 735 — J. Schavaye (Bruxelles). — Reliures genre amateur, en veau brun clair et lavallière, ornements à froid, genre manuscrit, avec de vieilles garnitures en cuivre; le tout très-bien entendu et bien exécuté.

Un fort volume in-folio relié en peau de truie, avec ornements à froid d'une exécution irréprochable.

Ces reliures, et nous insistons sur cette remarque, avaient le mérite incontestable d'être cousues sur nerfs.

Nous avons constaté qu'en s'appliquant à imiter les anciennes reliures, M. Schavaye a été plus heureux que dans le genre moderne; quelques demi-reliures exposées laissaient à désirer pour la rognure.

Nous avons appris avec plaisir que M. Victor Verdelet, ouvrier français, qui a coopéré à l'exécution de ces bonnes reliures, avait obtenu une mention honorable.

ITALIE.

N° 1732. — G. Faginoli (Naples). — Parmi les produits de cette maison qui méritent d'être cités, nous avons remarqué :

Un in-quarto (*Guerrino il Meschino*), couverture avec bandes en relief, dorure à la presse, mosaïque en toile peinte, blanc, vert et rouge, séparés par des filets d'or, style oriental, mais un peu lourd.

Un album pour photographies : in-folio dos et plats gaufrés, carré, à angles coupés à la presse, l'un après l'autre, d'une mauvaise exécution ; au milieu du plat, un médaillon en relief repoussé, et au centre une mosaïque de Florence représentant un bouquet de roses, et produisant un très-bon effet.

POLOGNE.

N° 579. — A. Kantor (Varsovie). — Albums photographiques manquant de solidité, reliefs de mauvais goût, dans lesquels des ornements en acier étaient mal disposés; le dessin à froid était bien, l'exécution en était mauvaise.

PRUSSE.

N° 1898. — Kullrich (Berlin). — Albums photographiques : un in-quarto en veau brun cannelé, avec fermoirs dorés à bandes imitant des rubans avec boucles dorées.

Notre attention s'est principalement arrêtée sur un album en maroquin blanc ayant deux ferrures dorées, avec ornements grecs niellés et répétés dans toute leur longueur. Cet album était admirable comme goût et comme exécution.

SUÈDE ET NORWÉGE.

Parmi les six relieurs qui ont honoré de leur présence l'exposition, aucun ne mérite d'être cité.

WURTEMBERG.

N° 2827. — Muller et Richter (Stuttgart). — Albums photographiques avec reliefs assez bien exécutés, beaux maroquins, ornements en cuivre de mauvais goût.

FRANCE.

La reliure française était seulement représentée par six maisons, dont deux de Paris, une de Tours, une de Châtillon-sur-Seine et deux de Lille.

N° 2632. — Gruel-Engelmann (1) (Paris). — Reliure de luxe et reliure genre amateur.

Les reliures de luxe de cette maison étaient sans rivales dans toute l'Exposition. Le bois et l'ivoire sculptés et l'orfévrerie dont les plats et les dos étaient ornés avec un goût exquis attestent que cette maison a pour collaborateurs de véritables artistes pour ce genre d'ornementation qui, bien que dissimulant le travail du relieur, décèle des connaissances nécessaires pour les approprier aux genres des ouvrages et à l'époque de leur publication.

Les tranches ciselées, faites par M. Muthel, avaient aussi la supériorité sur toutes celles des reliures qui étaient exposées.

Nous avons cependant remarqué, non sans étonnement, un missel in-folio, qui était tellement couvert d'orfévrerie, dont les cartons étaient si épais, et le milieu, orné de pierreries, avait un tel relief, qu'il ressemblait plutôt à une châsse ou à un reliquaire qu'à une reliure. C'est une parfaite imitation du treizième siècle, mais ce n'est pas de la reliure.

Il est à regretter que la plupart de ces reliures soient tranchefilées uni; une tranche-file ruban de trois ou quatre couleurs était préférable.

(1) Travaillant chez Madame Gruel, j'ai dû m'abstenir dans l'appréciation des reliures qu'elle a exposées; cette appréciation est due à l'obligeance de M. A. Coquard, ouvrier relieur et membre de la Commission ouvrière. — A. Motte.

Les reliures genre amateur qui garnissaient la moitié de cette vitrine sont bien établies et ne laissent rien à désirer, à en juger par les détails extérieurs; les châsses sont petites et d'égales dimensions aux extrémités et sur la gouttière; les dos sont d'une bonne rondeur, les cartons bien proportionnés à l'épaisseur et au format des volumes. La couvrure est également bien faite, et plusieurs volumes, dont le maroquin était écrasé par la pression, nous ont prouvé que la peau était bien parée. Tous ces détails, qui demandent des soins et du goût, n'échappent pas à l'œil du connaisseur, parce qu'ils sont inséparables de la reliure bien faite.

Notre attention s'est portée sur un in-folio (*Statuts de l'Ordre du Saint-Esprit*), exemplaire sur vélin, relié en maroquin du Levant rouge brillant, ayant au milieu un ovale creux rempli par une peinture représentant le Christ; le mille-points qui entourait cette miniature était d'un bel effet, mais le dessin, quoique d'une heureuse composition, laissait un peu à désirer dans son exécution.

Un in-quarto (*la Légende dorée*) en maroquin du Levant noir, avec mosaïque lavallière bordée de filets à froid. Le dessin Groslier était d'un très-bon goût et d'une bonne exécution.

Nous avons surtout remarqué un in-quarto (*Pétrarque*), maroquin du Levant brun clair, avec mosaïque rouge et verte; joli dessin Groslier bien exécuté.

Nº 2633. — Lortic (Paris). — Nous nous sommes étonnés que M. Lortic, dont le nom figure dans le catalogue de l'Exposition, n'ait pas exposé. A-t-il, en s'abstenant, dédaigné de se mesurer avec les autres relieurs, ou a-t-il reculé devant la lutte? Nous l'ignorons.

Nº 2716. — Vᵉ Arnold et fils. — Nº 2725. — Couttenier-Pringuet (Lille). — Les reliures exposées par ces maisons n'ayant pas attiré notre attention, nous nous abstenons d'en parler.

Nº 2736. — Lenègre (Paris). — Exposition d'albums photographiques aux apparences luxueuses, avec reliefs sur velours et maroquin, qui sont généralement lourds et de mauvais goût.

Un de ces albums, couvert en cuir de Russie, avec deux fermoirs en acier poli, était le mieux réussi.

Quelques cartonnages en toile n'avaient rien de remarquable.

L'excessif bon marché des produits exposés par cette maison peut seul faire excuser tout ce que le travail laisse à désirer.

N° 2740. — Mame et Ce (Tours). — Cette maison, qui ne relie ordinairement que des livres de piété à bon marché, a voulu s'essayer dans les genres artistique et d'amateur, et, contre son habitude, il lui a fallu, pour obtenir quelques résultats apparents, faire d'énormes sacrifices. Les volumes à citer étaient :

Une *Touraine* in-folio, maroquin jaune, bandes mosaïque bleue, avec ornements Groslier d'un dessin un peu de fantaisie; l'exécution était assez bonne; mais ce que nous reprocherons particulièrement à ce volume, c'est l'énorme titre placé au milieu du plat, dont les lettres fleuronnées, beaucoup trop grandes, faisaient un mauvais effet avec le reste de la dorure.

Un Livre d'Heures in-douze, maroquin lavallière, enlacements de deux filets d'or dont les courbes étaient mauvaises. Ce dessin embrouillé était parsemé de fleurons or.

Histoire de Jésus-Christ, maroquin lavallière, mosaïque magenta et verte; irrégularités dans l'espace et la grosseur des filets, cassures dans les courbes.

Un in-douze dont les gardes en parchemin étaient d'une blancheur remarquable ; le dessin, de bon goût, se trouvait un peu alourdi par une galerie de fers dix-septième siècle. Nous regrettons que les filets n'aient pû être plus réguliers; nous tiendrons cependant compte de la difficulté du travail à faire sur ce genre de peau, qu'aucun filet et ornement n'avait coupée.

Pour la reliure de Paroissiens, ceux avec plaque d'ivoire avaient le dos beaucoup trop rond, et l'ivoire qui le couvrait semblait ne tenir que par les extrémités.

Les reliefs ne paraissaient pas dans cette exposition.

Nous y avons vu des emboîtages signés : *Liger, relieur ;* nous ignorons si c'est là un collaborateur, mais ce que nous pouvons affirmer, c'est que ces emboîtages laissaient tout à désirer.

Au point de vue général, les dos étaient d'une rondeur outrée, les mors saillants, la couvrure du plus grand nombre était médiocre, les coiffes recouvraient trop les tranchefiles ; les tranches ciselées et peintes, sans exception, sont mal exécutées et de mauvais goût ; les ornements sont beaucoup trop grands pour le format et l'épaisseur des volumes.

N° 2763. — Cornillac et Ce (Châtillon-sur-Seine). — Cette maison, qui, comme celle de M. Mame, relie ordinairement des livres de piété, s'est renfermée strictement dans son genre. Sa vitrine renfermait une variété infinie de reliures de paroissiens qui, pour le commerce, étaient assez bien établies.

Nous lui reprocherons, comme à la maison Mame, des dos trop ronds ; néanmoins, à quelques exceptions près, les volumes sont bien rognés et bien couverts : nous en avons vu avec charnière dont les gardes en soie laissaient à désirer dans les petits détails du travail ; les tranches de couleur avec semis en or étaient généralement bien faites ; les reliefs gaufrés, d'un genre nouveau, avaient une légèreté remarquable.

Les reliures en basane gaufrée étaient bien traitées, et si quelques volumes avaient les mors cassés intérieurement à la coiffe, nous l'avons attribué à un accident, et non à la négligence. Il est à regretter qu'un petit nombre de ces reliures manquaient de fraîcheur, cela nuisait à leur belle apparence.

RÉSUMÉ

Reliure d'amateur.

La rivalité ne peut réellement exister qu'entre l'Angleterre, la Belgique et la France, pour la reliure d'amateur ; ce genre, qui encore en France se trouve être supérieur, pourrait ne plus garder cette supériorité si nos bons relieurs continuaient à s'abstenir d'exposer. Cette abstention, que nous blâmons, n'a d'excuse qu'en se rappelant l'incompétence du jury, qui a une tendance prononcée à n'accorder de récompenses qu'aux grandes maisons qui fabriquent à bon marché, sans s'inquiéter si ce résultat ne provient pas de la diminution des salaires.

L'Angleterre qui, dans les expositions universelles précédentes, s'est rendu un compte exact de ce qu'elle était en arrière sur nous, a fait cette fois des sacrifices énormes, qui ont transformé entièrement ses produits, et le résultat a été tel que, si nos relieurs n'y prennent garde, la persévérance qu'y mettent les Anglais portera par la suite un coup funeste à notre industrie.

M. Schávaye, de Bruxelles, et madame Gruel-Engelmann, de Paris, sont les seuls dont les reliures aient obtenu quelques succès sur celles des Anglais ; car la reliure d'amateur a déjà trop de tendance à dégénérer pour que, contrairement à sa bonne exécution, nous consentions, en connaissance de cause, à reculer les limites de son perfectionnement jusqu'à la maison Mame, de Tours, qui n'a en réalité exposé que de la reliure de commerce.

Les reliures belges et françaises étaient cousues sur nerfs ; le corps d'ouvrage, les tranches, la couvrure et la dorure ont été exécutés avec beaucoup de soins et disposés selon le genre de chaque époque que l'ouvrier s'est proposé d'imiter, et nous pouvons affirmer, sans être taxés de prévention, que ces reliures avaient une supériorité notable, comme solidité, sur les reliures anglaises. Mais nous devons regretter de n'avoir eu pour la France qu'une trentaine de reliures de ce genre à comparer à celles si nombreuses des Anglais ; la Belgique n'avait, comme nous, à exposer que quelques reliures d'un très-grand mérite dans leur genre. A l'exception de quelques volumes, toutes les reliures anglaises étaient cousues à la grecque ; cette couture, qui dispense l'ouvrier d'une infinité de soins, qui abrége la main-d'œuvre et dissimule les défauts de l'endossure, est incompatible avec la reliure d'amateur.

Les Anglais, qui en toute chose aiment le confortable, poussent cette manie jusque dans la facile ouverture de leurs livres, même au détriment de leur solidité ; c'est une question de goût, il est vrai, dont il nous faut tenir un peu compte ; mais nous devons avant tout envisager la question au point de vue de l'art. Généralement l'endossure est faible et laisse beaucoup à désirer sous le rapport de l'exécution, car, dans presque tous les volumes que nous avons eus en main, nous avons remarqué des plis et des froissures dans le dos; il ne peut en être autrement par rapport au procédé dont on se sert pour faire leur endossure. Nous en parlerons plus loin.

Nous ajouterons aussi que leurs reliures manquaient de grâce par rapport à l'épaisseur souvent outrée des cartons et aux châsses trop larges; la rognure et la couvrure en étaient bien faites; les tranchefiles rubans à trois ou quatre couleurs étaient très-bien exécutées; la dorure sur tranche dont l'or a un ton rouge, manquait de brillant; en exceptant quelques gouttières creuses faites à Paris, toutes les autres avaient été dorée plates. L'exécution des dessins pour la dorure sur cuir est supérieure à la dorure française, et, quoique bien exécutés, les dessins d'origine anglaise n'ont rien de séduisant, mais le nombre en est restreint; tout au contraire, les dessins d'origine française ont été généralement adoptés et sont exécutés avec une rare perfection. En somme, la dorure sur cuir a fait en Angleterre d'immenses progrès depuis 1855, et nous avons acquis la certitude que les ouvriers qui font ce genre sont plus nombreux à Londres qu'à Paris.

Reliure de luxe.

La reliure de luxe, qui a pour ornements l'orfévrerie, la bijouterie, la ciselure, les incrustations, les émaux, la peinture et la sculpture, a été représentée avec honneur par la maison Gruel-Engelmann, de Paris. Le concours d'artistes éminents que cette maison a employés pour l'ornementation de ses reliures démontre ce que la France peut puiser de perfection dans son bon goût et de conceptions artistiques. Mais comme les reliures de luxe ne se font ordinairement que sur des livres de piété, il en résulte que la France est de beaucoup supérieure à l'Angleterre, où les bibles sont reliées avec la plus grande simplicité; il s'ensuit qu'il n'y a pas d'émulation pour ce genre de reliure.

L'Autriche, quoique ayant fait beaucoup de frais pour exposer quelques spécimens, n'est parvenue qu'à exposer des reliures d'un goût matériel.

Reliure de commerce.

Avant de parler de l'emboîtage (on fait à Londres peu de demi-reliure pour le commerce), nous croyons devoir établir une comparaison entre la reliure des bibles anglaises et celle des paroissiens français.

Les bibles sont ordinairement reliées en chagrin, cousues sur de petits nerfs qui ne manquent pas de grâce et qui s'harmonisent très-bien avec la sévérité des ornements, qui se composent seulement de quelques rares filets à froid. Il est incompréhensible que les relieurs anglais admettent la couture sur nerfs pour des reliures de commerce, et préfèrent la couture à la grecque pour les reliures d'amateur. Les cartons de ces reliures sont minces, la dorure sur tranche se fait, gouttière plate.

En France, les grandes maisons de province qui publient et relient les paroissiens sont loin (y compris celles de Paris, à quelques exceptions près) d'apporter autant de soin, à la couture que les relieurs anglais ; ces maisons s'attachent plus particulièrement à l'ornementation, aussi les dessins varient à l'infini, et démontrent que, même pour les reliures les plus communes, le bon goût préside toujours à l'exécution. Néanmoins, nous concluons que ces reliures qui ont l'insigne faveur de séduire par un luxe apparent, ne valent pas, pour la solidité, la reliure des bibles anglaises.

Les emboîtages se font à Londres à peu près de la même manière qu'à Paris, à l'exception que les Anglais les ébarbent presque tous, tandis qu'à Paris on les rogne beaucoup trop. A Londres, ce genre de reliure est l'objet de beaucoup de soin ; la couture y est des plus soignée, les fort volumes sont cousus sur lacets. Les relieurs français ne prennent pas toutes ces précautions, les économies qu'ils font sur cette partie du travail est cause que ce genre de reliure manque de solidité.

L'élégance, que l'on retrouve toujours dans les emboîtages anglais est due, il n'en faut pas douter, à leur gracieuse ornementation, mais elle est due aussi aux toiles qui les recouvrent ; les couleurs sont plus belles que chez nous, les nuances varient à l'infini. Par exemple, celles fauve, lavallière, orange, etc., sur lesquelles les ornements à froid produisent un si bel effet, nous sont inconnues.

La dorure au balancier a acquis en Angleterre un développement qu'elle n'a pas encore atteint en France, non-seulement sous le rapport de l'excellence des dessins, mais aussi sous celui de la rapidité et de leur bonne exécution.

Pour leurs cartonnages mosaïques, les Anglais emploient parfois du mouton au lieu du papier employé en France.

Il est incontestable que les emboîtages faits à Londres sont en tout supérieurs à ceux qu'on fait chez-nous. Notre infériorité tient à ce qu'on emploie pour ce travail un trop grand nombre de jeunes gens qui, la plupart, n'ont pas fait d'apprentissage suivi, et, sans tenir compte de leur incapacité, on les occupe, parce qu'ils consentent à recevoir un salaire moins élevé que celui des ouvriers dont ils tiennent lieu. Il résulte de cette économie que le travail est négligé dans son exécution. Il ne faut pas s'étonner si le travail est mieux fait à Londres, car nous avons remarqué dans les ateliers trois fois plus d'hommes que de jeunes gens, parce que les patrons ont pour principe de ne prendre qu'un apprenti par quatre ouvriers, lequel apprenti n'est reconnu ouvrier qu'après avoir fait consécutivement un apprentissage de sept années. Cela démontre que, prenant davantage en considération l'avenir de leur métier et voulant conserver les bons procédés envers leurs confrères, les patrons ne font pas comme de ce côté-ci du détroit, où l'on emploie des jeunes gens sans s'inquiéter d'où ils viennent, ni de ce qu'ils savent, ni de ce qu'ils deviendront quand, devenus hommes, ils demanderont à être mieux rétribués.

Albums pour photographies.

Nous ne parlerons que de ceux de la Prusse, du Wurtemberg et de la France, qui, en réalité, avaient quelques mérites.

Pour la confection du travail et l'ornementation, les albums de M. Kullric, de Berlin, étaient incontestablement les mieux établis; ceux de MM. Muller et Ritchter, de Stuttgard, et ceux de la France, occupaient le second rang. Paris, à lui seul, a exposé plus d'albums que les autres pays réunis, aussi est-ce là où il y avait le plus de pacotille.

Aujourd'hui, cette nouveauté est tombée si bas, grâce à une concurrence mal entendue, qu'elle ne se relèvera jamais à sa splendeur première. Ce que nous reprochons surtout à cette spécialité, c'est d'avoir introduit dans la dorure sur tranche des gens qui lui étaient étrangers, et qui aujourd'hui, se disant ouvriers, font concurrence aux véritables ouvriers,ce qui nuit à la perfection du travail et au travailleur.

Dorure sur tranche.

En France, cette partie de la reliure a une supériorité incontestable sur celle des autres pays, même sur l'Angleterre où la dorure manque de ton et de brillant; les gouttières creuses, les tranches marbrées et dorées par-dessus y paraissent inconnues, quoiqu'elles soient inséparables des reliures genre amateur. Ce n'est qu'en les faisant faire à Paris que M. Zahnsdorf a pu avoir des tranches qui différaient de celles de ses confrères. Nous regrettons d'avoir à signaler que plusieurs de ces tranches avaient été grattées de manière à leur faire faire le cercle; il est fâcheux que M. Charlot, chez qui elles ont été faites, n'en ait pas scrupuleusement surveillé l'exécution; car il nous a été pénible, à l'étranger, dans une exposition internationale, d'avoir à constater que M. Charlot, qui fait ordinairement bien, ait négligé dans cette circonstance les excellents principes qu'il a reçus de feu Blangis père.

La ciselure de nos tranches est aussi supérieure à celle des Anglais, qui emploient pour ce travail des fers mille-points poussés à la main.

Les tranches rouges et bleues avec semis d'or qui ornent si gracieusement les tranches de nos paroissiens ne se font pas à Londres; cependant nous devons en mentionner qui, quadrillées par des filets noirs, étaient d'assez bon goût.

Le rouge des tranches de reliures anglaises adhère mieux au papier que celui que nous employons; il est plus foncé et convient mieux à la reliure de bibliothèque.

Les prix de la dorure sur tranche sont les mêmes à Londres qu'à Paris.

Marbrure.

Nous voudrions pouvoir dire de la marbrure française ce que nous avons dit de la dorure sur tranche ; il est à regretter que la France , où la marbrure a été inventée (1), n'ait pas su lui conserver sa supériorité. C'est à l'Angleterre que revient l'honneur de mieux faire les papiers peigne et ombré.

Les relieurs anglais emploient peu de papiers marbrés pour gardes, mais ils s'en servent pour les plats des demi reliures; il leur tient lieu de papier d'Annonay, dont ils sont privés ; leurs gardes sont en papier blanc ou en papier de couleur unie.

Nous devons cependant tenir compte des efforts tentés depuis quelques années par M. A. Degand, de Paris. Le papier premier choix, dit papier anglais (à Londres on l'appelle papier français, son véritable nom), est plus soigné qu'il ne l'était il y a une quinzaine d'années ; il a acquis une perfection qui, nous l'espérons, ne s'arrêtera pas là ; aussi nous souhaitons que des concurrents viennent stimuler cette industrie et activer son perfectionnement en lui donnant uu plus grand développement.

Conclusion.

Nous complétons notre résumé par les observations que nous avons faites en visitant quelques ateliers et par les renseignements qui nous ont été donnés sur le prix des matières premières.

Dans les ateliers où l'on fait la reliure d'amateur, l'outillage y est généralement inférieur au nôtre : les grandes presses y sont faibles et manquent de mécanisme pour les serrer fortement; de même pour la dorure sur cuir : la roulette coupée, que nous possédons depuis trente ans, n'y a pas encore été admise. Les ouvrières ne couchent pas l'or, les ouvriers doreurs font

(1) L'invention du papier marbré est due à Macé Ruette, libraire et relieur ; mais comme les libraires n'étaient que des entrepreneurs de reliure, cette invention est due, il n'en faut pas douter, à un de ses ouvriers dont le nom est resté inconnu. Macé Ruette a été reçu libraire en 1606.

ce travail eux-mêmes. En somme, les procédés employés pour ce genre de reliure ne pourraient apporter aucune amélioration dans le système français, déjà supérieur par son outillage. Par exemple, les presses à rogner et à endosser sont toutes montées de manière à obliger les ouvriers de travailler constamment à l'une de leurs extrémités ; ainsi, pour endosser, quelle que soit la force que l'ouvrier déploie, il ne peut serrer assez fortement la presse dans la position qu'il occupe, il ne peut non plus, dans cette position, se servir avec facilité du marteau à endosser pour coucher régulièrement les cahiers, afin d'éviter ces plis dont nous avons déjà parlé. De ce manque de pression provient aussi cette facilité d'ouverture, dont nous avons également parlé, et qui, pour une reliure d'amateur, est un défaut, puisqu'il en compromet la solidité.

Le carton pâte fine fait avec de vieux cordages de navires est excellent de qualité ; il est très-bien laminé et il pourrait dispenser les relieurs de l'employer en épaisseurs trop souvent exagérées : leurs reliures paraîtraient moins lourdes dans leurs allures.

Le contraire existe dans l'organisation des ateliers où l'on fait la reliure de commerce, c'est-à-dire l'emboîtage. Il nous a été facile de nous en convaincre en visitant les ateliers de MM. Leighton fils et Hodge. Cette maison, qui occupe cinq cents personnes, ouvriers et ouvrières. a en outre un outillage vraiment remarquable : cinq presses américaines, dites presses à rouleaux, font par jour chacune les mors à 700 volumes. Les massicaux, les meules, la machine à grecquer, les balanciers, étaient mus par la vapeur ; l'un des balanciers, le plus grand, tire 50 plats en or à l'heure avec une plaque ayant $0^m,70$ de longueur sur $0^m,55$ de largeur. Cette promptitude dans l'exécution, avec des plaques d'une pareille dimension, ne fatigue en rien l'ouvrier, qui n'a qu'à faire une légère pression avec son pied pour faire mouvoir le balancier, sans aucune secousse ; la distance que le plateau parcourt est de deux ou trois centimètres.

Pour donner de la souplesse à la colle-forte, on y ajoute de la mélasse dans les proportions suivantes : un demi-kilo de mélasse par kilo de colle-forte fondue, ce mélange nécessite l'addi·

tion d'une certaine quantité d'eau pour l'éclaircir. Nous en avons fait l'essai, et nous sommes en mesure d'affirmer que ce procédé, tout en étant économique, a encore l'avantage de conserver assez d'humidité pour permettre, même après plusieurs jours, d'endosser avec facilité.

Pour les tranches, on emploie du rouge de cinabre qui coûte à Londres 4 fr. 50 le 1/2 kilo et 12 fr. 50 à Paris; il se mélange avec de la colle de parchemin, et on y ajoute 4 à 5 gouttes d'ammoniaque.

Le papier blanc raisin pour gardes, d'une bonne qualité, coûte 20 fr. la rame. Le papier peigne coûte :

1re grandeur (raisin), 4 fr. 35 c. la main (24 feuilles).
2e grandeur (carré), 3 fr. 40   —   (id.)

Les papiers ombrés se vendent les mêmes prix, mais en revanche, s'ils sont plus chers que les nôtres, ils leur sont d'une supériorité incomparable,

La différence de prix entre les papiers peignes anglais et français est notable, aussi nous n'avons pu comprendre cette différence de prix, la journée des ouvriers marbreurs anglais étant moins longue et mieux rétribuée qu'à Paris, que le papier peigne y soit, étant mieux fait, meilleur marché et de meilleure qualité.

La toile marbrée, grande largeur, coûte : 1 fr. 25 cent. le mètre, et la petite largeur 85 cent. — Les prix de la toile gaufrée sont dans les mêmes proportions. — Le cuir de Russie coûte 40 fr. la peau; le maroquin de 150 à 162 fr. 50 la douzaine; le veau 120 fr. Beaucoup de maroquin et de veau est expédié de Paris. — L'or en feuille, ordinaire 56 fr. le mille, l'or citron 62 fr. 50 à 100 fr. On en expédie également beaucoup de Paris. Des relieurs n'en emploient pas d'autre.

C'est principalement de MM. Rivière, Zahnsdorf, Leighton fils et Hodge, etc., etc., que nous tenons tous ces détails; nous ne pouvons mieux conclure ce résumé qu'en leur exprimant ici notre reconnaissance pour nous avoir accueillis avec bienveillance dans leurs ateliers où ils nous ont donné tous les renseignements que nous leur avons demandés; nous remercions également MM. les ouvriers anglais qui nous ont fait un accueil tout à fait sympathique. Nous en garderons un bon souvenir.

Situation.

De nos jours, la liberté du travail a produit la concurrence, qui se fait d'une façon tellement déloyale qu'elle entrave la marche ascensionnelle du progrès qui devrait en résulter, et compromet gravement l'avenir de notre métier. Cette concurrence, qui pousse les patrons à se faire entre eux une guerre acharnée, les oblige, pour la soutenir, à calculer la quantité de travail qu'un ouvrier peut produire en lui donnant un certain salaire; comme si les ouvriers étaient responsables de ce que les patrons acceptent des travaux à des prix impossibles. Celui que la nature n'a pas doué de l'habileté nécessaire, ou qui a le goût du travail parfait, est vraiment à plaindre : on lui refusera le salaire fixé d'après les prix établis. Quelques maisons donnent le travail à la tâche ; nous n'hésitons pas à dire que ce moyen est des plus préjudiciables au perfectionnement du travail et aux intérêts des ouvriers qui, pour gagner davantage, négligent l'ouvrage dans les détails. D'un autre côté, le patron, qui s'aperçoit que l'ouvrier gagne plus qu'à la journée, diminue les prix convenus sans tenir compte que l'ouvrier a travaillé un plus grand nombre d'heures; la quantité produite aux pièces sert de base pour le travail à la journée; il s'ensuit de cet état de choses qu'entre patrons et ouvriers il y a peu de sympathie ; aussi ces derniers cherchent-ils par tous les moyens possibles à quitter un métier qui ne leur offre aucune garantie pour l'avenir, car à peine auront-ils cinquante ans, qu'on ne voudra plus d'eux dans les ateliers; que deviendront-ils?... « Que nous importe, répondent ceux qui les ont occupés, nous les avons payés, nous sommes quittes... » Eh quoi! l'ouvrier qui a travaillé pendant quarante ans ne peut-il, au terme de sa carrière, avoir un morceau de pain, comme le soldat, dont la mission ne ressemble pas à celle du travailleur?

Les patrons relieurs, pour soutenir une concurrence effrénée dont ils sont les auteurs, ont eu recours à la division du travail, qui amoindrit l'ouvrier en le restreignant dans une seule spécialité de son métier. Ce système, adopté par la reliure de commerce à Paris, est encore plus largement développé dans nos villes de provinces, telles que Tours, Dijon, Limoges et Châtillon-sur-Seine, où l'on ne travaille ordinairement que pour la liturgie. Dans ces ateliers, un terrassier, un maçon ou un cordonnier est métamorphosé en relieur, sans avoir préalablement fait un apprentissage. Il y a donc là un danger réel pour la profession, qui, lancée dans cette voie, dégénère avec une rapidité affligeante, d'où il faut conclure qu'avec cette organisation, dans dix ans on ne trouvera plus un seul ouvrier sachant entièrement son métier.

A Paris, les effets de la division du travail sont un peu moins à redouter pour l'ouvrier, qui peut changer d'atelier; mais si nous jetons les yeux sur la province, nous remarquons que les effets y sont encore plus désastreux : la plupart des ouvriers (si toutefois on peut appeler ouvriers ceux qui ne savent faire qu'une seule chose) sont dans une extrême misère; internés dans l'unique atelier de la ville, ils sont obligés d'accepter un salaire insuffisant : le plus grand nombre gagne de 1 fr. 50 à 2 fr. 50 par jour, et les ouvrières de 75 cent. à 1 fr. 25. Ce faible salaire, lorsqu'elles n'ont pas de parents pour les aider, entraîne tôt ou tard le plus grand nombre d'entre elles à des dérèglements de mœurs!

Ce sont de tous ces détails dont le jury aurait dû s'enquérir avant de décerner les récompenses; ils ont, au point de vue moral, au moins autant d'importance que la quantité de travail, le chiffre d'exportation, etc., que les exposants font chaque année.

Le manque d'organisation divise les patrons, et les ouvriers en ressentent les fâcheux résultats; si, au contraire, ils étaient organisés, la bonne intelligence régnerait parmi eux, leurs intérêts seraient sauvegardés, et les ouvriers en ressentiraient les conséquences bienfaisantes. Ainsi, par suite de ce manque d'organisation, les patrons se trouvent soumis aux injustes exigences des libraires et des commissionnaires en librairie, qui leur enlèvent jusqu'à 50 pour 100 de leurs bénéfices. Ces industriels, qui ont été de tout temps les tyrans des relieurs, font à ces derniers les conditions les plus dures, c'est-à-dire des règlements de compte qui vont jusqu'à une année et plus d'échéance, avec 5 et 6 pour 100 d'escompte, ce qui réduit encore les bénéfices du relieur, qui a rarement les moyens d'attendre les échéances et se trouve obligé de recourir aux escompteurs. Qu'on se fasse une idée des bénéfices qui peuvent lui rester !

Pour conclure sur la situation de notre industrie, nous croyons opportun d'établir une comparaison entre les salaires de la généralité des ouvriers relieurs et doreurs français et les ouvriers anglais :

	De Paris.			De Londres.		
Relieurs........	3 fr.50	à 5 fr.	»	6 fr.25	à 7 fr.	50
Relieuses.......	2	» à 3	»	2	50 à 3	10
Doreurs sur cuir.	4	50 à 6	50	8	25 à 12	50

Il n'y a pas de différence dans le salaire des doreurs au balancier.

En faisant observer que la durée du travail à Paris est de douze heures pour les ouvriers et les ouvrières, tandis qu'à Londres elle est seulement de dix heures pour les ouvriers et de neuf et demie pour les ouvrières, la différence est de 65 p. 100 en faveur des ouvriers relieurs anglais, et de 75 p. 100 pour les doreurs sur cuir. Tout en gagnant à peu près le même salaire, les ouvrières de Londres font deux heures et demie de moins que celles de Paris. Ces chiffres nous dispensent de commentaires.

On nous objectera, d'après ce que nous venons de dire sur le salaire des ouvriers relieurs et doreurs de Londres, qu'il est surprenant qu'il y ait autant de misère dans cette ville. Nous répondrons que cette misère tient à des causes dont nous ne pouvons nous faire les juges.

Contrairement à tout ce qui nous avait été dit sur la cherté de la vie à Londres, nous nous sommes renseignés auprès de plusieurs ouvriers, dont l'un avait longtemps habité Paris, nous avons acquis la certitude que le prix des vivres n'est pas plus élevé à Londres qu'à Paris.

Quant aux loyers, la différence est énorme. En voici un exemple : la maison que nous habitions était une cité ouvrière haute de deux étages, où, moyennant le prix de 65 francs par an, on avait deux chambres avec cheminée, et l'eau à volonté ; d'où il faut conclure, par les chiffres qui précèdent, que l'ouvrier peut, à Londres, jouir d'un bien-être dont l'ouvrier de Paris est complétement privé.

Vœux et besoins.

En 1789, les corporations ont été abolies parce que leur organisation était oppressive et leur principe exclusif; le régime qui suivit, par le seul fait qu'il proclama la liberté du travail, fut un bien; mais, comme il laissait les individus d'une même industrie sans liens entre eux et les diverses industries sans liens entre elles, il en résulta une sorte d'anarchie industrielle.

Cette anarchie n'a pas cessé d'exister, et comme elle n'a pas sa raison d'être, nous croyons devoir exprimer les vœux de la corporation en indiquant ici les moyens de la combattre et de l'anéantir.

1° Formation d'une chambre syndicale de patrons élus par les patrons, et d'une autre chambre syndicale d'ouvriers élus par les ouvriers. Les cinq spécialités de la reliure, qui sont : brocheurs, relieurs, doreurs sur tranche, marbreurs, doreurs sur cuir, y seraient représentées.

Les syndics seraient élus par le suffrage universel, aux mêmes conditions d'âge et d'éligibilité que pour l'élection politique. Les chambres auraient le droit de discuter librement les intérêts de la corporation; de prendre l'initiative pour toutes les améliorations à apporter dans notre profession; de pouvoir opposer leur autorité contre une concurrence déloyale; de faire observer scrupuleusement la loi sur l'apprentissage; d'être les interprètes pour exposer les besoins sociaux auprès du gouvernement, en procédant par voie de pétition.

2° Que la corporation soit représentée au conseil des prud'hommes, parce qu'il est impossible à un typographe de juger la reliure.

La reliure, avec ses spécialités, se compose d'environ trois mille personnes; c'est une des professions qui présentent le plus de contestations au conseil des prud'hommes. Ainsi, pendant les années 1859, 1860 et 1861, 286 affaires ont été présentées au conseil, tandis que, pour la taille-douce et la typographie, il n'y en a eu que 32. Il est donc urgent qu'un ouvrier relieur siége au conseil, parce que ce n'est ni un typographe ni un maçon, comme cela est arrivé, en tenant compte de leur bonne volonté, qui peuvent juger des questions où ils n'entendent rien. Mais, jusqu'à l'organisation d'une prud'hommie spéciale pour chaque industrie, il est du devoir des ouvriers des diverses spécialités de la reliure âgés de vingt-cinq ans de se faire porter électeurs, afin de pouvoir se faire représenter par un des leurs, que la corporation indemniserait pour la perte de temps que cette fonction nécessite.

3° Les deux fléaux que l'ouvrier a à redouter, ce sont la maladie et le chômage. Il doit posséder le droit et les moyens de les combattre ; mais il ne peut arriver à ce double but qu'en se groupant par corps de métier et par le payement d'une cotisation mensuelle ou hebdomadaire.

Il y a à Londres une Société d'ouvriers relieurs qui s'occupe de la maladie, de pension aux vieillards et de leur logement, du chômage légitime, du placement des ouvriers ; elle indemnise ceux qui vont en voyage. La Société possède un journal pour défendre ses intérêts, pour faire connaître sa situation et les progrès accomplis dans la profession ; elle possède aussi une bibliothèque de plus de neuf cents ouvrages. Les ouvriers retirent d'immenses avantages de cette institution, et la bonne harmonie ne cesse de régner entre eux et leurs patrons, qui se font un devoir d'être de la Société comme membres honoraires.

Il y a là tout un enseignement dont les ouvriers relieurs de Paris pourraient tirer parti.

A Paris, la Société existe déjà, mais il ne lui est permis de s'occuper que de maladie et de pension ; elle forme actuellement une bibliothèque, et elle a émis le principe du placement des ouvriers, qui, placés jusqu'ici par les marbreurs, les doreurs et les marchands de carton, sont exposés à des partialités quand ils sont peu connus : un centre pour le placement des ouvriers et des ouvrières offrirait plus de garantie aux patrons et aux ouvriers. Il ne faut pas douter que le temps amènera tous les bons résultats obtenus par la Société anglaise ; ce sont en quelque sorte des droits, puisque c'est un besoin, une nécessité. Mais ce dont nos camarades doivent bien se pénétrer, c'est qu'ils n'obtiendront jamais rien tant qu'ils s'obstineront à rester isolés.

4° Que la journée de douze heures de travail effectif soit réduite à dix, comme elle l'est dans presque tous les métiers (1). Déjà le gouvernement a donné l'exemple de cette réduction à l'Imprimerie impériale, au ministère des finances, aux Archives, à la Bibliothèque impériale, etc., etc., où cependant les ouvriers reçoivent le même salaire, bien qu'ils travaillent deux heures de moins. Quelques-unes de ces administrations leur font une pension de retraite. Aux Sourds-Muets, les apprentis et les ouvriers occupés avec eux ne font que dix heures; il en est de même dans les imprimeries où des ateliers de reliure ont été établis.

Par suite de cette réduction, le nombre des ouvriers s'augmenterait d'un sixième, il y aurait donc moins de chômage pour eux, et, comme le prix de main-d'œuvre s'augmenterait dans la même proportion, nous avons la conviction que c'est le seul moyen que les patrons puissent employer pour relever les prix de la reliure de commerce qui sont tombés si bas. Cette réduction aurait aussi pour conséquence d'obliger les libraires à ne plus attendre au dernier moment pour donner les travaux du jour de l'an.

Cette réduction est aussi devenue une nécessité par suite de la cherté des loyers. Les ouvriers pour louer à meilleur compte s'éloignent de leur travail ; déjà ceux qui ont de la famille demeurent en dehors des fortifications; obligés de faire douze heures, ils partent de bonne heure, rentrent tard, et, fatigués par le travail, il leur faut faire souvent plus d'une heure de marche pour retrouver le logis où ils espèrent se délasser par les caresses de leurs enfants... Vain espoir ! De même qu'à leur départ ils les trouvent livrés au sommeil. Ils sont donc obligés de se priver de ces doux épanchements qui redonnent du courage pour le lendemain... Oh ! c'est déjà bien assez d'être obligés de vivre pêle-mêle avec leurs femmes et leurs enfants, presque toujours dans

______

(1) En 1857 une supplique a été adressée à ce sujet à S. M. l'Empereur qui l'a fait transmettre à S. Exc. le Ministre de l'Agriculture du commerce et des travaux publics. Cette supplique avait était signée par plusieurs centaines d'ouvriers, et nous avons lieu de croire que ceux d'entre les signataires qui sont devenus patrons depuis feront honneur à leur signature.

une même chambre, où toutes les garanties de la moralité ne sont pas sauvegardées, sans les priver encore des joies de la paternité.

La réduction de deux heures permettrait aussi aux ouvriers de fréquenter les écoles du soir, établies pour eux. Les patrons devraient exiger que leurs apprentis fréquentassent ces écoles, afin d'être assurés de ne plus rencontrer, comme aujourd'hui, des relieurs et des relieuses qui ne savent pas lire, quoique ce soit la condition essentielle pour entrer dans le métier.

5° Qu'il soit créé un cours ou enseignement professionnel où tous les ouvriers et ouvrières pourraient compléter leur instruction manuelle, afin de détruire les mauvais effets de la division du travail, qui en fait des spécialistes. Ce cours devrait être suivi par les doreurs sur cuir, par les doreurs sur tranche, et même par les marbreurs, où, tout en recevant des notions sur la reliure, ils seraient mis à même de connaître les soins particuliers à apporter à un livre, afin de ne pas fatiguer l'endossure ou les coins, ou mal gratter les tranches, ce qui fait paraître le volume mal rogné, et enfin à connaître une foule de petits détails qui nuisent à une reliure, et qu'un ouvrier doit savoir éviter.

6° Que, dans les futures expositions, un relieur soit appelé à juger les reliures, et non pas un libraire incompétent, qui, dans l'intérêt du commerce qu'il fait de la reliure, pourrait n'accorder la préférence qu'à des reliures indignes d'être exposées. Ce que nous avançons est malheureusement déjà arrivé, et les principaux maîtres de la reliure, craignant de ne pas être récompensés selon leur mérite, n'exposent plus.

7° Qu'une surveillance active soit établie sur les ateliers de reliure, dorure sur tranche, etc., pour empêcher que les apprentis soient occupés au travail pendant quinze et dix-huit heures, et même quelquefois la nuit entière, afin que l'art. 9 de la loi sur l'apprentissage soit strictement exécuté.

Cet article prescrit que l'apprenti âgé de moins de quatorze ans ne doit pas travailler plus de dix heures par jour, et celui âgé de quatorze à seize ans, plus de douze heures; qu'aucun travail de nuit ne peut être imposé à l'apprenti âgé de moins de seize ans; que le travail fait entre neuf heures du soir et cinq heures du matin est considéré comme travail de nuit; que les dimanches et jours de fêtes reconnues ou légales, l'apprenti ne doit à son maître aucun travail, en exceptant le cas où il devrait ranger l'atelier aux jours ci-dessus ; ce travail ne pourra se prolonger au-delà de dix heures du matin.

Nous terminons en manifestant le sincère désir de voir cesser l'antagonisme entre patrons et ouvriers, parce qu'il n'a pas sa raison d'être, et, en tenant compte des circonstances qui peuvent survenir, l'ouvrier d'aujourd'hui peut être patron demain, et le patron redevenir ouvrier. Chacun d'eux, soit avant, soit après, doit sentir le besoin de se faire de mutuelles concessions, et nul ne doit douter que ce n'est que par l'entente et la bonne harmonie que les intérêts de l'un et de l'autre peuvent se concilier sans se nuire. Puisse notre désir s'accomplir !

Nous avons la conviction d'avoir rempli notre mission avec courage, avec conscience, avec impartialité, et, en terminant, nous remercions la HAUTE INITIATIVE DU POUVOIR, qui, pour la première fois, a mis les ouvriers à même de pouvoir faire connaître leur situation et leurs aspirations. Maintenant, c'est à nous, travailleurs, de nous mettre à l'œuvre, afin de coopérer à la régénération sociale de notre patrie.

ALPH. MOTTE, Délégué pour la Reliure,
rue Saint-Honoré, 414.

A.-M. DUBUS, Délégué pour la Dorure sur cuir,
rue Laborde, 46.

DÉCISION DE LA SOCIÉTÉ DES OUVRIERS RELIEURS

POUR L'IMPRESSION DU RAPPORT DES DÉLÉGUÉS RELIEURS

Les fonds mis à la disposition de la Commission ouvrière pour les délégations à l'Exposition de Londres étant trop restreints pour faire imprimer tous les Rapports, celui des délégués de la reliure était exposé, par suite de ce manque de fonds, à rester ignoré.

Cette question a été portée devant laSociété des Ouvriers Relieurs, qui, sur la proposition de sonBureau, a décidé à l'unanimité :

Que, dans l'intérêt de la Reliure, le Rapport des délégués de la corporation serait imprimé à ses frais, mais qu'en prenant cette décision,elle déclarait ne pas en accepter la responsabilité en quoi que ce soit.

Pour la Société des Ouvriers Relieurs de Paris :

A. COQUARD, Président, rue du Four-Saint-Germain, 52.
VAN DEN HENDE, Vice-Président, rue d'Arcole, 5.
MATIFAS, Trésorier, rue de Vaugirard, 32.
GRANDJEAN, Adjoint, rue des Saints-Pères, 65.
E. COMBAZ, Vérificateur, rue Saint-Nicolas-d'Antin, 11.
LEMETTAIS, Adjoint, rue du Bac, 142.
CLÉMENCE, Secrétaire, rue de l'Hôtel-de-Ville, 42.
POUILLET, Adjoint, rue Saint-Hilaire, 48.
FRENOIR, Receveur, rue de l'École-de-Médecine, 83.
NOURICEL, Adjoint, rue de Vaugirard, 158.
CHASSEVENT, Délégué, rue du Cherche-Midi, 100.
VARLIN,　　　　Id.,　　rue Dauphine, 33.
G. MANGENOT, Id.,　　rue Saint-Jacques, 67.
BURDINNE,　　　Id.,　　rue de la Jussienne, 12.

Paris. — Imprimerie de Cosson et Comp., rue du Four-St-Germain, 43.

Paris.—Imprimerie Cosson et Comp., rue du Four-Saint-Germain, 43.

9 782019 978372